AF363959

HISTOIRE ANCIENNE

COMÉDIE EN UN ACTE

PAR

MM. EDMOND ABOUT ET E. DE NAJAC

Représentée à Paris, pour la première fois, le 31 Octobre 1868
sur le Théâtre-Français.

PARIS

LIBRAIRIE DRAMATIQUE

10, RUE DE LA BOURSE, 10.

—

1868

PERSONNAGES

—

GEORGES DE GAILLES........... M. Coquelin.

CLOTILDE DE CHÈNEVILLE....... Mme Madeleine Brohan.

BIBLIOTHÈQUE SPÉCIALE

DE LA

SOCIÉTÉ DES AUTEURS ET COMPOSITEURS DRAMATIQUES

Agent général : LOUIS LACOUR.

3437 Paris. — Typographie Morris et Cie, rue Amelot, 64,

HISTOIRE ANCIENNE

Un boudoir élégant. Porte à droite. Porte à gauche. Cheminée au fond; tables, causeuses, etc. Au mur sont accrochés deux portraits, l'un d'un homme âgé, l'autre du même homme, plus jeune. Sur la cheminée, portrait appuyé sur un petit chevalet; sur la table, un cahier relié avec une miniature encadrée dans la couverture. Lampe allumée sur la table.

—

SCÈNE PREMIÈRE

CLOTILDE, *assise au coin du feu, près de la table, lisant dans le cahier relié.*

« Ma fille chérie, douce lumière d'une vie qui s'éteint, vous qui êtes ma dernière joie et qui serez ma dernière pensée, que Dieu vous donne de longs jours après moi! Si quelque chose peut adoucir les regrets de cet éternel adieu, c'est l'espérance que tôt ou tard un autre homme vous rendra le bonheur que je vous ai dû. » (*Elle baise le livre et dit :*) La belle âme! Mais non! personne au monde, monsieur le marquis, n'occupera dans mes affections la place que vous avez laissée vide... Un seul homme aurait pu... Où est-il?... Qu'est-il devenu?... Je ne veux pas même y penser. (*Elle ferme le livre, le pose sur la table.*) Il doit être grand temps d'achever ma toilette si je veux dîner chez Alice. (*Elle regarde la pendule.*) Cinq heures seulement! comme la nuit tombe vite en décembre! et que les jours sont longs malgré tout! je ne m'ennuyais pourtant pas, mais il me semble que le temps aurait dû passer plus vite. (*La porte s'ouvre. Entre Georges*)

SCÈNE II

CLOTILDE, GEORGES.

GEORGES, *sans être vu de Clotilde, arrive jusqu'à elle et frappe
du doigt contre le dos de son fauteuil.*

Toc! toc!

CLOTILDE, *se levant et poussant un léger cri.*

Ah! Georges!... monsieur de Gailles!

GEORGES.

Eh bien! merci! Vous me faites plaisir. En entrant ici,
je ne demandais que deux choses au bon Dieu : la première
de vous trouver seule, et la seconde que vous sachiez encore
mon nom. Si je ne me suis pas fait annoncer, ce n'est pas
qu'en cinq années de cavalcades, j'aie oublié les lois du
savoir-vivre; c'est une petite coquetterie de vieil amoureux.
Vous souvient-il de ce grandissime salon de la rue Saint-
Dominique où je me faufilais à pas de loup, tandis que vous
lisiez quelque roman de la bibliothèque choisie, sous la
garde peu vigilante de Mme de Bourgalis? Toc! toc! Et vous
bondissiez comme une gazelle effarée, en criant: Ah!
comme aujourd'hui.

CLOTILDE.

Ah! vous parlez de longtemps, monsieur de Gailles. Eh
bien, asseyez-vous, comme autrefois, et causons, quoique vous
ne soyez plus le même homme, ni moi la même femme.

GEORGES.

J'ai rudement vieilli, n'est-il pas vrai?

CLOTILDE.

Mais non! il me semble que je vous retrouve tel quel.

GEORGES.

Miséricorde! J'ai huit cents ans. Ah! le mariage! Mais grâce à Dieu! mon temps est fait.

CLOTILDE.

Je sais que vous êtes libre depuis six mois.

GEORGES.

Qui vous l'a dit? Je n'ai pourtant annoncé ma délivrance à personne. Il est vrai que madame de Gailles a fait assez de bruit pour que le monde ait su toutes ses actions, jusqu'à la dernière. Ah! vous pouvez vous vanter de m'avoir rendu célèbre.

CLOTILDE.

Comment? moi?

GEORGES.

Parbleu! Je l'aurais peut-être épousée, cette créature abracadabrante, si vous ne m'aviez pas réduit au dernier aveuglement du désespoir?

CLOTILDE.

C'est moi que vous accusez?

GEORGES.

Et qui donc? Nous nous aimions... pardon! je vous aimais d'amour tendre...

CLOTILDE.

Les deux pigeons.

GEORGES.

Je vous aimais, autant qu'un brave garçon peut aimer la jeunesse, la tendresse et la beauté en personne. Vous, vous ne me détestiez pas, soyez franche?

CLOTILDE.

Je vous trouvais charmant, parce que vous l'étiez!

GEORGES.

Et ce n'est pas votre tante qui pensait à me chercher des vices rédhibitoires. Elle ne voyait que par moi, la pauvre sainte femme; Dieu ait son âme, son king-charles et son paroissien! Un beau jour, à propos d'une misère indignement bourgeoise, une histoire de créanciers... de l'argent que je devais... fi! l'horreur! le tuteur de mademoiselle Clotilde s'avise que je suis un garçon de mœurs épouvantables, un pilier de club, un sportsman, un libre penseur, et qu'en m'accordant sa pupille, qu'il m'avait bel et bien promise, il envoyait un agneau à la boucherie! Je reçois mon congé, là! en pleine poitrine! et afin que je n'en ignore, on me fait assavoir que le conseil de famille vous adjuge au plus offrant et au plus souffrant des marquis.

CLOTILDE.

Vous vous trompez. C'est moi qui ai choisi monsieur de Chèneville, parce ce que vous m'aviez juré de cesser vos folies, et que votre conduite fit trop voir que vous ne m'aimiez pas.

GEORGES.

Innocence! Je vous aimais comme un fou : c'est l'excuse de toutes mes folies. On me recevait dans la maison trois heures par jour au maximum; il fallait bien tuer le reste du temps, que diable! On joue un brin pour s'étourdir; on

perd son argent sans compter, parce que tous les biens de
ce monde sont peu de chose en comparaison du trésor
qu'on poursuit; on court les steeple-chases parce qu'en
franchissant tous les obstacles, on croit se rapprocher
du but. Au saut de la rivière, à la banquette irlandaise,
hop! les oncles! hop! les tantes! hop! les tuteurs! Mais
l'iniquité des hommes a toujours mal interprété les dé-
marches de la jeunesse, et ses courses pareillement.

CLOTILDE.

Si vous aviez des raisons ou des excuses, il fallait les
faire valoir.

GEORGES.

Parlez donc à ceux qui ne veulent pas entendre! Défen-
dez-vous devant un tribunal dont la porte est gardée par
une douzaine de laquais! Je suis venu, je ne vous ai pas
vue et je me suis retiré parfaitement vaincu: un vrai César,
sauf la fortune.

CLOTILDE.

Et vous avez épousé madame de Mauchamps par désespoir?

GEORGES.

Ce n'est pas moi... c'est elle qui m'a épousé. Je voulais
en finir avec la vie...

CLOTILDE.

De garçon?

GEORGES.

Avec la vie. Foi d'homme! si j'avais eu vent d'une
expédition un peu meurtrière, je me faisais soldat comme
Adhémar, Lionel ou Gontran. Mais la France était en paix
avec tout le monde: pas le moindre ennemi pour me sou-

lager de l'existence. Je n'avais d'autre ressource que de périr de ma propre main; or, ne pouvant me tuer en chambre comme une blanchisseuse, je résolus de mourir au grand air, dans une allée de ce bois de Boulogne que j'avais tant aimé! C'est là que la fatalité m'attendait. A cent pas du pavillon d'Armenonville, au moment où je venais de choisir un massif à souhait pour le plaisir des yeux, une amazone m'éclabousse de la tête aux pieds; c'était la veuve du baron de Mauchamps, sa veuve consolable, hélas! et peut-être déjà consolée! Ma parole d'honneur, elle m'aurait rendu service si elle avait passé cinq minutes plus tard. Mais c'était une femme dans mon genre, adonnée au cheval, comme moi, prodigue de son cœur et de son bien, comme moi, et légèrement évallonnée comme moi; j'en conclus très-imprudemment qu'elle était faite exprès pour moi. L'expérience m'a prouvé qu'elle était faite aussi pour quelques autres.

CLOTILDE.

Pauvre ami! j'ai su.

GEORGES.

Tout le monde l'a su, excepté les sourds et le aveugles. Je me suis marié, je me suis séparé, je me suis éloigné, j'ai vu l'Espagne et l'Italie. (*Gaiement.*) Mais tout est bien qui finit bien. Me voici libre et net; sans devoirs et sans autres affaires que d'être heureux à mon tour. J'ai trente-cinq ans d'expérience et mon cœur n'en a pas plus de vingt. Ma fortune, quoi qu'on vous ait dit, n'est pas en si mauvais point qu'il ne me reste une large et belle indépendance.

CLOTILDE.

Et qu'en comptez-vous faire, de votre indépendance?

GEORGES.

La garder, prendre du bon temps, vivre heureux s'il est

possible, et comme je ne suis pas encore arrivé à comprendre le bonheur sans vous, moi qui suis débarqué d'aujourd'hui, je viens vous demander s'il n'y a pas dans vos greniers, dans votre cave ou dans votre écurie, une niche où loger le gentilhomme le moins gênant, le plus discret, le plus soumis que la terre ait porté, depuis qu'elle a la coquetterie de porter des gentilshommes?

CLOTILDE.

Est-ce véritablement cette affaire qui vous ramène dans ce pays-ci?

GEORGES.

Et quelle autre, grand Dieu?

CLOTILDE.

Mon pauvre ami, si je vous connais bien, votre cœur est trop actif pour s'accommoder longtemps d'un désœuvrement absolu, et comme il y a de l'ouvrage à Paris...

GEORGES.

Je suis en grève! J'ai mis en interdit les femmes en général, et les veuves en particulier.

CLOTILDE.

Eh bien! qu'est-ce que vous venez faire ici?

GEORGES.

Vous, vous n'êtes rien de tout cela, vous êtes un ange! Je dirai même plus, mon ange gardien.

CLOTILDE.

Ah! pour le coup...

GEORGES.

Je ne m'en dédis pas! l'ange gardien, c'est un être invisible, toujours présent, toujours bienfaisant, jamais importun, dont la tendresse assidue et discrète nous soutient

dans les pas difüciles, nous arrête dans nos emportements,
écarte nos mauvaises pensées comme une esclave indienne
chasse les mouches à coups d'éventail et nous sangle un
coup de fouet dans les jambes, quand par hasard notre courage hésite au bien. Voilà ce que vous avez été pour moi
depuis cinq ans.

CLOTILDE.

Le rôle n'était pas fatigant, je vous jure!..

GEORGES.

Voulez-vous le continuer à Paris?

CLOTILDE.

Pourquoi moi plutôt qu'une autre?...

GEORGES.

Parce que je n'ai jamais aimé que vous. Que de fois, dans
cet enfer du mariage, je me suis senti rafraîchi, comme le
damné, par une goutte d'eau tombée du ciel! C'était le sou-
venir de nos jeunes années, le parfum affaibli des fleurs que
nous avons cueillies ensemble dans le jardin de la rue Saint-
Dominique, c'était votre pensée enfin qui me rendait le
courage et l'espérance.

CLOTILDE.

Et moi aussi, Georges, j'ai bien souvent pensé à vous.
J'ai eu grande pitié de vos ennuis. Et si vous ne vous étiez
point caché, comme un vilain sauvage, mon amitié serait
allée à vous et vous aurait consolé!

GEORGES.

Rien que votre amitié? C'est de l'amour que j'ai pour
vous, un amour obstiné, tenace, éternel, puisque deux
mariages, le vôtre et le mien, ont été impuissants à le tuer!
Nos cœurs sont fiancés depuis leur première rencontre. Et

si le ciel permet que je retrouve un peu de bonheur sur
cette terre, ce bonheur, chère Clotilde, ne peut me venir
que de vous.

CLOTILDE.

Je ne souhaite de mal à personne, mon ami Georges, et
à vous moins encore qu'à tout autre. S'il faut dire ce qui
est vrai, nos bonnes journées d'autrefois ont laissé dans
mon cœur une impression que rien n'a effacée. Et je n'ai
pas rencontré dans le monde un seul homme qui me parût
plus aimable que vous.

GEORGES.

Mais alors, vous m'aimez toujours?

CLOTILDE.

Si je répondais non, mes yeux me donneraient peut-être
un démenti!..

GEORGES.

Chère... chère adorée!... la belle vie qui commence et
l'heureux avenir qui s'ouvre devant nous!

CLOTILDE.

N'est-ce pas? Vivre ensemble, n'être qu'un, s'aimer et se
le dire tous les jours et toujours!

GEORGES, *avec enthousiasme.*

Tous les jours et toujours!... (*Changeant de ton.*) Ah çà!
mais, il n'est donc pas jaloux?

CLOTILDE.

Qui?

GEORGES.

Lui! monsieur de Chèneville?

CLOTILDE.

Vous ne savez donc pas que je suis veuve, mon ami?

GEORGES, *très-surpris.*

Ah ! depuis quand ?

CLOTILDE *tristement.*

Depuis un an passé. A défaut d'autre information, mon accueil aurait dû vous le faire comprendre ; car enfin, s'il vivait, je ne vous aurais pas laissé me dire ce que vous m'avez dit.

GEORGES.

C'est trop évident. Pardon ! Ce pauvre homme est donc mort ! Mais comment ne l'a-t-on pas su ?

CLOTILDE.

Où étiez-vous l'an dernier, en septembre ?

GEORGES.

Je ne m'en souviens pas moi-même.

CLOTILDE.

Alors !...

GEORGES.

C'est égal ! la nouvelle m'a porté un coup... Quand on ne s'attend pas... Un homme encore jeune... Ce portrait, (*montrant un portrait*) c'est le sien ?

CLOTILDE.

Oui !... mais daté de 1834. (*Montrant l'autre portrait.*) Le voici, tel qu'il était en 1867.

GEORGES.

C'est vrai ! j'avais oublié... Il me semble qu'avec des soins...

CLOTILDE.

Je vous assure, mon ami, qu'on a fait le possible et l'impossible...

GEORGES.

Quel médecin avait-il?

CLOTILDE.

Il en avait une douzaine.

GEORGES.

Voilà le mal! Il a succombé sous le nombre!

CLOTILDE.

Pourquoi ne dites-vous pas que nous l'avons assassiné?

GEORGES.

Ah! chère madame, loin de moi une telle pensée! Mais je regrette d'arriver trop tard pour faire connaissance avec le galant homme que nous avons perdu.

CLOTILDE.

Tout le faubourg le tenait en haute estime. C'était un homme d'autrefois. Mais, moi seule, j'ai pu apprécier les délicatesses exquises de son cœur. Depuis le premier jour jusqu'au dernier, il m'a comblée des soins les plus attentifs et des plus généreuses bontés.

GEORGES, *prenant le ton d'un homme en visite.*

Les collatéraux n'ont pas dû rire. Cette pauvre duchesse de Réchicourt qui tient tant à l'argent! Vous me direz qu'il lui reste trois à quatre cent mille livres de rentes, et qu'elle n'en dépense pas le quart avec ses éternels chevaux rouans et sa stalle de quinzaine aux Concerts populaires. A propos, préférez-vous toujours Mozart à Beethoven?

CLOTILDE, *troublée du changement de ton de Georges.*

Moi?... Je ne sais!... Oui... Comment donc? Est-ce que, par hasard, vous auriez pris goût à la musique?

GEORGES.

Oh! nullement! Voyez-vous souvent madame de Chambry?

CLOTILDE.

Non! deux ou trois fois par hiver. Est-ce qu'elle est de vos intimes?

GEORGES.

Je ne la connais pas. Savez-vous ce que les Russes ont fait de leurs chevaux de l'Exposition?

CLOTILDE.

Je ne m'en suis pas informée. Est-ce que vous vouliez en acheter un?

GEORGES.

Moi, pas du tout. Non. Pour le moment je n'ai qu'une idée...

CLOTILDE.

Qui est?..

GEORGES.

D'aller passer un mois à Cannes, chez de bons vieux amis que j'ai par là. (*Se levant, et très-cérémonieusement.*) Puis-je espérer, madame, qu'à mon retour vous daignerez me recevoir dans la foule de vos visites? Vous avez un jour, je suppose?...

CLOTILDE.

Sans doute, mes connaissances me trouvent habituellement le mardi.

GEORGES.

Je n'aurai garde de l'oublier et le premier mardi qui suivra mon retour... Sans adieu, chère madame!

CLOTILDE.

Au plaisir de vous revoir, cher monsieur. (*Il s'éloigne; au moment où il va toucher la porte, Clotilde éclate en sanglots.*)

GEORGES, *revenant vivement.*

Ah! mon Dieu! Madame? Clotilde? qu'avez-vous?

CLOTILDE.

Rien! rien! A bientôt... cher monsieur.

GEORGES.

Mais vous pleurez!

CLOTILDE.

Oui! je pleure... le seul homme qui m'ait aimée... (*Montrant un des portraits.*) Celui-là!

GEORGES, *avec bonhomie.*

Eh! ce serait à moi de le pleurer, ce diable d'homme qui a gâté deux fois ma vie. Voyons! voyons! du calme, au nom du ciel! J'entends bien! je comprends! Vous m'en voulez!...

CLOTILDE.

De quoi?

GEORGES.

Tenez! C'est vrai! Je n'ai pas été très-gentil. Et dites-le franchement, vous me prenez pour un ingrat.

CLOTILDE, *froidement.*

Je ne sache pas avoir rien fait pour mériter votre reconnaissance.

GEORGES.

Si! vous avez toujours été très-bonne. Vous valez mieux que moi; mais, pour un seul moment, mettez-vous à ma place. Je sors d'un mariage épouvantable; et j'en sors étrillé, fourbu, moulu et dans un tel accablement, que je n'échangerais pas ma liberté contre tous les bonheurs du paradis. Je suis venu à vous du premier bond, poussé par je ne sais quoi d'irrésistible. Je voulais vous l'offrir, ma liberté; mais sans la perdre! J'avais rêvé de la... fixer... de la... canaliser, de... car enfin... connaissez-vous une vie plus charmante que celle d'un vieux garçon... jeune encore... ou d'un veuf... jeune aussi, qui vient prendre ses quartiers d'hiver... ou d'été, dans un intérieur aimable, intelligent, dé-

cent... en tout bien tout honneur!... amoureux sans le dire...
dévoué avec passion à une femme comme vous, et avec
résignation à un homme (*montrant le portrait*) comme lui,
acceptant tout, même le bonheur d'un rival, pour se faire
accepter lui-même? Ah! madame! que j'aurais eu d'atten-
tions pour vous et pour lui! Avec quelle douceur angélique
j'aurais fait le troisième au whist, sans autre récompense
qu'une tasse de thé, servie par vos mains blanches! Je l'aimais déjà sans le connaître, et il m'aurait aimé, j'en ré-
ponds, s'il m'avait connu! Je vous accorde qu'il n'est pas
mort par méchanceté. Mais enfin! Il s'est conduit comme
ces maîtres de maison qui se sauvent du logis pour échap-
per à la visite d'un importun?

CLOTILDE, riant aux éclats.

Ah! ah! ah! Ma foi! Il n'y a pas moyen de vous tenir
rigueur, et vous êtes, mon ami, d'une absurdité qui dés-
arme!

GEORGES.

Mon juge est désarmé!

CLOTILDE.

Mieux encore! La candeur de votre perversité m'a sé-
duite. Impossible de rien refuser à l'homme qui se dévoue
avec un si touchant égoïsme. J'accepte l'offre intéressée de
votre désœuvrement; vous voulez me consacrer tous vos
jours, toutes vos soirées?

GEORGES.

Avec enthousiasme!

CLOTILDE.

C'est entendu!

CLOTILDE.

Mais comme la réputation d'une veuve est chose déli-
cate entre toutes; comme on ne reçoit pas impunément un
homme de votre âge sous un toit que le pavillon conjugal

ne couvre plus; comme il faut que j'aie un mari pour vous offrir cette intimité parasite, qui vous semble si désirable, je vais me marier, par dévouement pour vous. Et, dès ce soir, mon cher monsieur, j'assure votre avenir.

GEORGES.

Ah! pardon! je n'en demandais pas tant.

CLOTILDE.

Il me semble que si, puisque vous préférez le bonheur en tiers au bonheur en titre.

GEORGES.

La plaisanterie est sévère, et vous voyez que je la prends bien.

CLOTILDE.

Je ne plaisante pas, monsieur de Gailles; lisez. (*Elle lui donne une lettre.*)

GEORGES, *jetant les yeux au bas de la lettre.*

« Alice. » Qu'entendez-vous par Alice?

CLOTILDE.

Une de mes amies, qui veut me faire dîner ce soir avec un de ses amis.

GEORGES, *tout en lisant.*

Mais, Robert de Beaumont, je le connais énormément.

CLOTILDE.

Bravo! je n'aurai pas besoin de vous présenter l'un à l'autre quand il sera mon mari.

GEORGES.

Vous épouseriez Robert?

CLOTILDE.

Pourquoi pas? Il est de bonne maison, je suppose...

GEORGES.

Oui, mais...

CLOTILDE.

Il est jeune... du même âge que vous!

GEORGES.

Oui, mais...

CLOTILDE.

N'a-t-il pas la réputation d'un galant homme?

GEORGES.

Oui, mais...

CLOTILDE.

Il n'est pas riche, mais je le suis pour deux!...

GEORGES.

Oui, mais...

CLOTILDE.

Il m'aime à sa façon, qui n'est pas la vôtre; car son premier mouvement a été de me demander en mariage... pour lui.

GEORGES.

Oui, mais...

CLOTILDE.

Mais, quoi!

GEORGES.

Mais vous ne l'aimez pas! Vous ne pouvez pas l'aimer! Robert de Beaumont! Non!

CLOTILDE.

Si vous avez du mal à m'en dire, hâtez-vous; je dîne à sept heures!

GEORGES.

Non, je n'en dirai rien! N'espérez pas que je me rende odieux et ridicule. C'est bien assez d'être malheureux!

CLOTILDE.

Pauvre garçon!

GEORGES.

Qui?

CLOTILDE.

Vous!

GEORGES.

Pourquoi?...

CLOTILDE.

Parce que vous ne savez pas ce que vous voulez!

GEORGES.

En revanche, je sais bien ce que je ne veux pas!...

CDOTILDE.

Si vous avez des droits sur ma personne, vous les ferez valoir en temps et lieu. Pour le moment, souffrez que j'achève ma toilette. Je ne vous renvoie pas. Alice habite aux Champs-Élysées; je vous jetterai sur la place de la Concorde en passant, si tel est votre bon plaisir.

GEORGES.

J'accepte! Ce n'est pas mon chemin; mais je veux voir si vous aurez le cœur de traiter de la sorte un galant homme qui vous aime.

CLOTILDE.

Chut! ne dites pas cela! quelle imprudence! Si j'allais vous prendre au mot... Attendez au moins qu'il y ait un tiers entre nous. (*Elle sort, en riant, par la porte de gauche.*)

SCÈNE III

GEORGES, *montrant le poing à l'un des portraits.*

Eh bien! après! On dirait qu'il me nargue, cet odieux vieillard! Monsieur!... Non, excusez! Vous avez soixante ans!... J'aime mieux m'attaquer à l'homme de mon âge!... (*Il s'adresse au deuxième portrait.*) Monsieur! la vie est un combat, et celui qui déserte est un lâche! Vous ne vous êtes pas suicidé, je veux le croire; mais, enfin, vous vous êtes laissé mourir, et je ne vous le pardonnerai jamais! On se cramponne, que diable! on lutte! On pense à tous les embarras qui résultent d'un décès prématuré. Direz-vous que la vie vous était à charge, jeune ingrat? Vous seriez joliment difficile! Quelle femme vous aviez et comme elle vous aimait, quoique indigne! Comme elle a conservé vos reliques! Il n'y a que vous dans la maison! Un portrait... deux portraits... trois portraits. (*S'approchant de la table.*) Il y en a même quatre. Je n'avais pas encore vu celui-ci. Vous avez donc été garde du corps? (*Ouvrant le livre.*) Eh! mais! ce manuscrit d'une écriture vieillotte. Quelque calendrier... à votre usage personnel; je ne sais pas s'il y a quelque indiscrétion à le lire; mais puisque les vivants doivent la vérité aux morts, il me semble que, par réciprocité, les morts la doivent aux vivants. (*Parcourant le livre.*) Brrr! les dernières pensées! les adieux à la vie. Il n'y a pas le plus petit mot pour rire là dedans. (*Il referme le livre, se lève et revient devant le portrait.*) Tenez, je ne vous accuse pas; vous étiez un brave homme; mais, par exemple, je vous plains! On déshérite ses collatéraux, la sœur, les neveux et les nièces, au profit de cet ange qui a bercé votre dernier sommeil. Et le plus clair profit qui vous revient d'un tel sacrifice, c'est d'enrichir un étranger, le vicomte Robert de Beaumont, qui parle du nez, qui monte à cheval comme une

pincette, et qui n'a pas même été à votre enterre-
ment. Un bel oiseau, votre fameux Robert! Je n'ai rien
contre lui; il ne m'a jamais rien fait; mais je l'exècre! Et
je vous trouve absurde!... Nous aurions fait si bon mé-
nage à nous deux... à nous trois!... Et c'est lui qui man-
gera vos belles petites rentes, qui montera vos chevaux, qui
s'asseoira dans vos fauteuils, qui logera vos nombreux portraits au grenier, et qui, dans un quart d'heure de désœuvrement, se délectera du manuscrit sentimental où vous
notiez vos pensées au jour le jour. Mais j'y pense. (*Il regarde
le livre.*) 1866. (*Feuilletant toujours.*) 65... 64... 63... 62...
Tout y est. Mais alors, à trois pages d'ici, je vais trouver un
chapitre qui m'intéresse terriblement. C'est drôle... mon
cœur bat! Si j'allais découvrir que ce mariage d'un vieillard
et d'une enfant n'a été qu'une adoption dissimulée?... Mais
pourquoi pas?... on le dirait!... Oui! bien! bravo! (*Envoyant
des baisers à l'un des portraits.*) Ah! merci! (*Il fredonne un
air joyeux. Entre Clotilde en toilette de dîner.*)

SCÈNE IV

GEORGES, CLOTILDE.

CLOTILDE.

Quoi, vous chantez maintenant?

GEORGES.

Oui, je chante! Et savez-vous pourquoi? Je chante parce
que les convenances ne me permettent pas de danser! Je
devrais trépigner, bondir au ciel, attraper les étoiles au vol.
Ah! Clotilde! ma jolie, ma bien-aimée Clotilde! mon premier, mon seul amour! ma jeunesse!... mon espérance!
ma consolation!... que je vous aime et que je me méprise!

CLOTILDE.

Bonté divine! il est fou!

GEORGES.

Oui, Clotilde, fou à lier! Liez-moi! Enchaînez-moi, et poussez-moi avec vos petits pieds du haut en bas de l'escalier d'honneur jusqu'au vestibule de votre hôtel. C'est tout ce que j'ai mérité par mon misérable égoïsme et mon stupide aveuglement.

CLOTILDE.

Je ne vous veux pas tant de mal. Le grand air calmera cette nouvelle effervescence. Donnez-moi votre bras.

GEORGES.

Mon bras? Jamais! J'ai mieux à vous offrir!... D'abord, vous n'irez pas à ce dîner, je m'y oppose.

CLOTILDE.

Mais...

GEORGES.

Non! la vie est trop belle! Dieu est trop bon! Otez ça. Je vous en prie, ôtez ça! (*Il lui enlève sa sortie de bal.*)

CLOTILDE.

A qui donc en a-t-il?

GEORGES.

A qui j'en ai? A vous! à moi!... (*Montrant le portrait.*) A lui!... précisément; à lui!

CLOTILDE.

Monsieur de Gailles!

GEORGES.

Il m'écoutera, le noble, le digne, l'excellent homme! (*Allant au portrait.*) Monsieur, j'ai trente-cinq ans... soixante mille livres de rentes. Ma famille n'est pas la plus médiocre du faubourg... J'ai l'honneur de vous demander la main de mademoiselle votre fille ici présente, que j'aime dès la plus tendre jeunesse, et que j'adorerai, Dieu m'en est témoin, jusqu'à mon dernier soupir.

CLOTILDE.

Georges!... Vous m'aimez donc enfin ?

GEORGES.

Je vous aime tellement... que je m'en vais... comme au bon temps de la rue Saint-Dominique, sans même demander à vous baiser la main ; mais sûr de vous revoir et de vous obtenir bientôt de vous-même. Histoire ancienne, chapitre dernier !... Ma chère femme, à quand la suite ?

CLOTILDE, lui tendant la main.

Allons ! soit, à demain.

FIN.

3437 Paris. — Typ. Morris et Comp., rue Amelot, 64.

LIBRAIRIE DRAMATIQUE

10, rue de la Bourse, et rue des Colonnes, 9

Titre	Prix
L'Affaire Clément-sot, vaud., 1 acte..	» 60
L'Africaine pour rire, parod., 1 a....	» 60
L'Ahuri de Chaillot, vaud., 5 actes...	» 75
À la Salle de police, croquis, 1 acte...	» 60
Les Amoureux de Lucette, com. 1 a..	1 »
Les Amoureux de Marton, com. 1 a..	1 »
L'Amour médecin, comédie, 3 actes...	5 »
L'Article VI, vaud., 1 acte..........	1 »
À Quinze ans, vaud. 1 acte.........	» 60
L'Associé de Crampon, v. 1 a........	» 30
Aux Arrêts, com., 1 acte...........	1 »
Bas-de-Cuir, drame, 5 a. 8 tabl......	1 50
Bettina, op. comique, 1 acte........	1 »
La Bonne aux Camélias, vaud. 1 a...	1 »
Le Cadeau d'un Horloger, vaud., 1 a..	» 60
C'est au-dessus, com. 1 a...........	1 »
Le Chanteur florentin, sc., 1 acte....	» 60
La Charité, pièce de vers...........	» 25
Le Château de Rochefontaine, c., 3 a..	1 »
Un Chef-d'œuvre en sapin, fol. m., 1 a.	» 60
Les Chemins de fer, pièce 5 a.... ...	2 »
Le Chevalier Satan, vaud., 1 acte. ..	» 60
Les Chevaliers de la Table-Ronde, o. 3 a.	1 50
Chez les Montagnards..., vaud., 1 a..	» 60
La Chouanne, drame, 5 actes........	3 »
Les 500 francs de Joseph, vaud., 1 a..	1 »
Une Circulaire filiale, vaud., 1 acte...	1 ·
Comte et Marquise, vaud., 1 acte.....	1
Le Coup de Jarnac, drame, 5 actes....	1 50
Un Coup de soleil, vaud., 1 acte.....	1 »
La Course au corset, vaud., 2 actes..	» 60
Dans le pétrin, fol.-op. 1 a..........	» 60
Le Danseur de corde, opéra c., 2 a...	1 »
Les Défauts de Jacotte, opérette, 1 a..	1 »
Le Docteur Crispin, op. bouffe, 4 a...	1 50
Un Dragon à la mamelle, vaud., 2 a.	» 60
Un Duel à trois, com., 1 a..........	» 60
L'Écaillère africaine, opérette, 1 acte.	1 »
Egill le Démon, drame, 3 actes......	1 »
L'Enlèvement au Bouquet, c.-v, 1 a..	1 »
Entre Onze heures et Minuit, op. 1 a.	» 60
Entrez! vous êtes chez vous! vaud. 5 a.	» 40
L'Expiation, drame, 3 actes	1 »
Une Fausse Alerte, com. 1 a........	1 »
Les Exploits de Sylvestre, opéro, 1 a..	1 »
Faut nous payer ça, coupl..........	» 15
Feu la Contrainte par corps, v., 1 a.	1 »
La Fiancée de Corinthe, op. com., 1 a.	1 »
Le Fils du Brigadier, op.-com., 3 a..	1 »
Le Fou d'en face, comédie, 1 acte...	1 »
Les Français à Lisbonne, pièce 4 act.	» 50
Francastor, opérette, 1 acte........	1 »
Un Gendre, comédie, 4 actes........	2 »
Le Gentilhomme campagnard, v., 1 a..	» 60
La Graine d'Épinards, vaud., 1 acte..	1 »
La Grammaire, vaud., 1 acte.......	1 »
La Grand'tante, op. com., 1 acte.....	1 »
La Grève des Amoureux, vaud., 1 a..	» 60
Le Grillon, opérette, 1 acte..........	1 »
L'Homme à la mode de... Caen, v., 1 a.	1 »
Les Hôtes de la France, pièce, 1 a..	» 50
Les Idées de Beaucornet, com., 1 acte.	1 »
L'Île des Sirènes, revue, 8 tableaux..	» 50
Impôt sur les Célibataires, v., 1 a....	» 50
Jean la Poste, drame, 5 a. 10 tabl....	» 50
Jeanne de Sommerive, drame, 3 a.....	2 »
Je m't' demande, revue, 5 actes.....	» 50
Je suis né coiffé, fol.-vaud., 1 a.......	» 60
Un Jeune Homme timide, com., 1 a..	1 »
Jeunesse et malice, vaud., 1 a.......	1 »
Un Jour d'orage, vaud., 1 acte.....	1 »
Juliette et Roméo, folie-vaud., 1 acte.	» 60
Mademoiselle Pacifique, v., 1 acte...	1 »
La Main leste, vaud. 1 a............	1 »
Mamzelle fait ses dents, com., 1 acte.	» 60
Le Mangeur de fer... à cheval! par., 2 a.	» 60
Une Mansarde d'étudiant, dr., 1 a., vers	1 »
Le Mariage à l'enchère, com., 1 a....	1 »
Un Mariage aux Petites-Affiches, v. 1 a.	» 50
Le Mari d'un Bas-Bleu, vaud., 1 acte.	1 »
Le Mari par régime, vaud., 1 acte...	» 60
La Marquise de la Bretèche, c.-v., 2 a.	» 60
Les Marrons du feu, vaud, 2 actes....	» 60
Un Martyr de la Victoire, dr., 5 a. ..	» 60
Mes beaux habits, coméd., 1 a., vers..	1 »
Mesdames Montanbrèche, com., 5 a..	2 »
Les Métamorphoses de Bougival, v.,1 a.	» 60
Monsieur Fanchette, com. 1 a.......	1 »
Un Monsieur qui a perdu son mouchoir.	» 60
Mr qui veut se faire un nom, v. 1 acte.	» 60
Nicaise, opérette, 1 acte	1 »
Nos Gens, comédie, 1 acte..........	1 »
Un Oncle du Midi, com., 1 a........	1 ·
L'Orfèvre du pont au Change, dr., 5 a.	» 60
La Paix à tout prix, com., 3 a., vers.	1 50
Paul et Virginie dans une mansarde.	» 60
Pavillon vert, vaud., 1 acte........	1 »
Un Pied dans le Crime, com., 3 a..	2 »
La Planète Vénus, fantaisie musicale.	» 30
Point d'Angleterre, vaud., 1 acte.....	1 »
Le Portrait de Séraphine, op. c., 1 a..	1 »
Prête-moi ton nom, vaud., 1 a........	» 60
La Pupille d'un rêveur, com., 1 a....	1 »
15 Heures de fiacre, vaud., 2 actes...	1 »
Les Rentiers, comédie, 5 actes......	1 »
Le Retour d'Ulysse, op. bouffe, 1 a...	» 60
Rouen tan plan, tire lire, 5 a. 20 tabl..	1 »
Le Royaume du Poète, c.-v., 3 a.....	» 60
Les Sabots d'Aurore, com., 1 a......	1 »
Sacripant, op. com., 2 a............	1 »
La Saint-François, com., 1 a........	1 »
Salvator Rosa, dr. 5 a. 7 tabl., in-8°.	3 »
Semer pour récolter, opérette, 1 a....	» 60
Les 7 Baisers de Buckingham, Opte, 1 a.	» 50
Un soir qu'il neigeait, com., 1 acte..	1 »
Une Sombre Histoire! com.-v., 1 a..	1 »
La Source, ball., 3 a. 4 tabl........	1 »
Une Tempête dans un arrosoir, c. 1 a.	1 »
Les Tempêtes du célibat, fol.-v., 1 a..	» 60
Le Testament d'Élisabeth, dr. 3 a....	2 »
Le Tourbillon, com., 5 a. 6 tabl......	2 »
Les Treize, dr. 5 a.................	1 50
Le 31 Décembre et le 1er Janvier, v., 2 a.	1 »
Les Tribulations d'un témoin, c., 3 a.	1 50
Les Turlutaines, comédie, 5 actes....	1 50
L'une après l'autre, vaud., 1 a.......	1 »
Les vacances de Cadichet, v., 1 acte..	1 »
Une Victime de l'Exposition, v. 1 a..	» 60
La Victoire d'Annibal, com., 1 a.....	1 »
La Vie à la vapeur, revue, 4 a., 6 t.	» 80
Le Wagon des Dames, com., 1 a......	1 »

--

Titre	Prix
Les Amis de César, com. rom., 3 a...	2 »
À qui la pomme, comédie, 1 acte...	1 »
Au pied du Mur, com., 1 a..........	» 60
Les Caprices de Henri IV, com., 1 a..	1 »
Le Dernier Troubadour, drame, 5 a....	1 »
Les Deux Reines de France, dr., 5 a ..	1 50
Le Duc de Savoie, drame, 5 a.......	1 »
La Guerre des Chouans, drame, 5 a...	1 »
Un heureux Débiteur, com., 1 a.......	1 »
La Lionne marseillaise, prov., 1 a.....	1 »
Le Médecin des cœurs., com., 2 a.....	1 »
Messaline, drame, 5 actes...........	2 »
Mort d'André Vésale, monol., 1 a....	» 50
Une Revanche de la Guimard, c., 1 a..	1 »
Roland dit Cœur de Veau, par., 1 a...	» 50
Les Vendanges, com., 1 a., vers......	1 50

Paris. — Typ. Morris et Comp., 64, rue Amelot.